Das
Tütensuppen
Kochbuch

Kordula Werner

Das
Tütensuppen
Kochbuch

Holen Sie
das Beste
aus der Tüte!

Inhalt

Holen Sie
das Beste aus
der Tüte!

Tütensuppen haben wir alle in unserer Küche – immer griffbereit in einer Schublade halten sie sich für den Notfall bereit. Immer wenn der kleine oder große Hunger kommt, wenn sich überraschend Besuch ankündigt, wenn wir mal wieder keine Lust zum längst fälligen Großeinkauf haben – dann greifen wir zu unserer Lieblingstütensuppe. Ein wenig verschämt vielleicht... denn so richtig gesellschaftstauglich scheint uns das Pulver aus der bunten Tüte nicht zu sein.

Falsch gedacht! Die kleine Mahlzeit aus der Tüte ist angesagt. Jeder ihrer Anhänger schwört seit Jahren auf „seine" Tüte, die er am liebsten isst, auf die er regelmäßig Appetit bekommt. Und jeder hat seine ganz eigene Methode, seine Suppenfavoriten ein wenig aufzupeppen, zu verfeinern und sie damit zu „seinem" Rezept zu machen. Tütensuppen-Feintuning eben.

Die originellsten, geschmackvollsten, feinsten, deftigsten, schnellsten und ideenreichsten – kurz, die besten Rezepte der großen Tütensuppen-Fangemeinde haben wir in diesem Buch gesammelt. Und ich habe natürlich meine persönlichen Lieblinge darunter gemischt.

Viel Spaß beim Rühren! Versuchen Sie es doch auch einmal und mixen und tunen Sie nach Ihrem persönlichen Geschmack. Einfach aufreißen, einrühren und die Fantasie spielen lassen. Vielleicht kommen auch Sie so zu einem neuen Lieblingsrezept aus der Tüte – schnell, unkompliziert und einfach köstlich!

Kordula Werner

7

1 Tüte Alpenländer
   Käsecremesuppe (für 1/2 l)
100 ml trockener Weißwein
2 Knoblauchzehen
1 Frühlingszwiebel
2 Toastbrotscheiben
1 Stich Butter zum Rösten

Martin wußte nicht, wann er das letzte Mal so einen Kater gehabt hatte. Und den anderen ging es auch nicht viel besser. Und zu dem Nachdurst kam jetzt noch der nagende Hunger. Doch alles was der Küchenschrank hergab, war die Käsetütensuppe und Toastbrot. Nicht gerade fürstlich. Doch zum Glück zauberte Klaus daraus die leckerste Käsecremesuppe, die Martin je gegessen hatte. Das Rezept hat sich Martin gleich gemerkt – und wenn er mal gerade keinen Kater hat, gibt er einfach auch noch etwas Weißwein dazu.

8

400 ml kaltes Wasser mit dem Wein zum Kochen bringen. Knoblauchzehen schälen und fein reiben oder quetschen. Packungsinhalt mit dem Schneebesen in die kochende Flüssigkeit rühren, Knoblauchmus hinzufügen und alles bei geringer Hitze ca. 5 Minuten kochen lassen. Dabei ab und zu umrühren.

Die Frühlingszwiebel putzen, hacken oder in dünne Ringe schneiden und in die Suppe geben. Die Toastscheiben diagonal vierteln und die entstandenen Dreiecke nochmals teilen.

Butter in einer Pfanne zerlassen und die Toastecken darin knusprig rösten. Die fertige Suppe auf zwei Teller verteilen und die Toastecken auflegen.

Käsecremesuppe
mit **Wein** und
Toast

1 Tüte Broccolisuppe
(für 1 l)
150 g Tofu
1 Ei
2 geh. EL Mehl
3 geh. EL Sesam, geschält
Öl zum Ausbacken
100 g Radieschensprossen
Kräutersalz, Pfeffer
1 Spritzer Zitronensaft

1 l kaltes Wasser in einen Topf gießen und den Packungsinhalt mit einem Schneebesen einrühren. Unter Rühren aufkochen und bei schwacher Hitze ca. 5 Minuten kochen lassen, dabei gelegentlich umrühren.

In der Zwischenzeit den Tofu in dicke Streifen schneiden und das Ei mit einer Gabel in einem flachen Teller verquirlen. Mehl und Sesam getrennt auf 2 flache Teller geben. Die Tofustäbchen zuerst in Mehl, dann im verquirlten Ei und zuletzt in den Sesamkörnern wenden. Öl in einer Pfanne erhitzen und die Tofustreifen darin von jeder Seite ca. 1 Minute anbraten.

Die Radieschensprossen in die fertige Suppe geben, alles umrühren und die Sprossen ca. 1 Minute darin ziehen lassen. Anschließend die Suppe mit Kräutersalz, Pfeffer und Zitronensaft abschmecken. Die Tofustreifen auf die Teller verteilen und die Suppe dazugießen.

Broccolisuppe
mit Radieschen-
sprossen und
Tofustäbchen

1 Tüte Broccolisuppe
 (für 1 l)
2 Blätterteigscheiben (TK)
2 Knoblauchzehen
50 g Gorgonzola
schwarzer Pfeffer
1 Eigelb

Packungsinhalt in 1 l kaltes Wasser einrühren und bis zum Kochen erwärmen. In der Zwischenzeit die Blätterteigscheiben einzeln bereit legen.

Die Knoblauchzehen schälen und fein reiben. Knoblauchmus in die kochende Suppe geben, den Gorgonzola ebenfalls hinzufügen und unter Rühren in der Suppe schmelzen. Die Suppe 5 Minuten köcheln lassen, nach Geschmack mit schwarzem Pfeffer würzen und auf vier feuerfeste Schalen verteilen.

Aus den Blätterteigscheiben Kreise mit einem etwa 2 cm größeren Durchmesser als der der Schalenöffnung ausschneiden.

Das Eigelb verquirlen und den oberen Rand der Schalen damit einpinseln, die Blätterteigkreise über die Schalen legen, den Rand festdrücken. Jede Blätterteighaube mit Eigelb bepinseln. Im vorgeheizten Backofen bei 220°C ca. 10 Minuten überbacken.

Broccolisuppe
mit **Blätter-
teighaube**

Eigentlich hatte Tina die Blätterteigscheiben ja für ihr Lieblingsgericht „Apfel im Schlafrock" gekauft. Doch dann wollte Alexander unbedingt was „Herzhaftes". Zum Glück lag da noch die Tüte Broccolisuppe im Schrank. Und seitdem ist die Broccolisuppe mit Gorgonzola und Blätterteighaube nicht nur Alexanders, sondern auch Tinas neues Lieblingsgericht. Obwohl sie auch „Apfel im Schlafrock" weiterhin ganz lecker findet.

ca. 200 g Kürbisfleisch
(z. B. 1/2 kleiner Hokkaido,
frisch oder aus dem Glas)
1 Stück Ingwer
(daumennagelgroß)
1 Tüte Chinesische Gemüsesuppe (für 3/4 l)
1 geh. EL Schmand
2 TL Ahornsirup
1 TL Zitronensaft
1–2 Msp. Kreuzkümmel

Kürbis in Spalten schneiden, mit einem Esslöffel Fasern und Kerne entfernen, schälen
und in kleine Stücke schneiden. Ingwer ebenfalls schälen und ganz fein schneiden bzw.
reiben.

3/4 l kaltes Wasser mit Kürbisstücken und
Ingwer zum Kochen bringen. Vom Herd nehmen, einige Kürbiswürfel beiseite stellen und
den Rest mit dem Pürierstab pürieren. Wieder
auf den Herd setzen, mit einem Schneebesen
den Packungsinhalt einrühren und ca. 5 Minuten garen lassen.

Schmand und Ahornsirup unterrühren, die
Kürbiswürfel wieder hineingeben und die
Suppe mit Zitronensaft und Kreuzkümmel ab-
schmecken.

12

Chinesische
Gemüsesuppe
mit **Kürbis** und
Ingwer

für 2 Teller
10 Min

1 Tüte Kräutercremesuppe
  (für 1/2 l)
1 frische Bratwurst
2 geh. EL Kapern aus dem Glas
1/2 EL Senf

Packungsinhalt mit dem Schneebesen in 1/2 l
kaltes Wasser einrühren. Das Ganze erwärmen
und unter Rühren aufkochen.

Die Bratwurstpelle an einer Seite aufschneiden
und ca. 10 kleine Bällchen aus der Pelle her-
aus in die Suppe quetschen. Die Suppe mit
den Bällchen bei geringer Hitze ca. 5 Minuten
köcheln lassen.

Die Kapern kurz abspülen und mit dem Senf
in die Suppe rühren.

Kräutercreme-
suppe mit
Bratwurstklößchen
und **Kapern**

1 Tüte Crème-fraîche-Suppe
„Elsässer Art" (für 1/2 l)
100 g frisches Sauerkraut
(oder aus der Konserve)
200 g Gnocchi (Kühlregal)
1 Bund frische Petersilie

1/2 l Wasser erhitzen und den Packungsinhalt mit dem Schneebesen in das kochende Wasser einrühren.

Sauerkraut mit einer Schere klein schneiden und in die Suppe geben. Gnocchi hinzufügen und die Suppe unter Rühren ca. 2–3 Minuten leicht köcheln lassen.

Währenddessen die Petersilie hacken und vor dem Servieren auf die Suppe streuen.

O je, Sonntagnachmittag. Wieso war ich gestern nur nicht nochmal einkaufen? Dabei wußte ich doch, dass Tom bestimmt hungrig vorbeikommen würde. Nun konnte ich nur noch diese Crème-fraîche-Tütensuppe, eine Dose Sauerkraut und Gnocchi in meiner reichhaltigen Speisekammer finden. Tom warf todesmutig alles zusammen – denn er hatte wirklich Hunger... Hinterher war er nicht nur satt, sondern auch glücklich, dass er ein neues Lieblingsrezept entdeckt hatte.

Crème-fraîche-
Suppe mit
Sauerkraut
und **Gnocchi**

für 3 Teller
10 Min

100 g Bauchspeck
   oder Bacon
1 Handvoll Salbeiblätter
1 Tüte Flädlesuppe (für 3/4 l)

3/4 l kaltes Wasser bis zum Kochen erhitzen.
Währenddessen den Bauchspeck würfeln. Die
Salbeiblätter bis auf einige Blättchen zur Deko-
ration ebenfalls klein schneiden. Die Speck-
würfel mit dem Salbei in einer beschichteten
Pfanne erhitzen und knusprig braten.

Den Packungsinhalt mit einem Kochlöffel in
das kochende Wasser einrühren. Die Salbei-
Speckmischung auf die Teller verteilen, die
Suppe hinzugießen und mit den Salbeiblätt-
chen garnieren.

Flädlesuppe
mit **Salbei** und
Bauchspeck

4 kleine Orangen
2 EL Zucker
1 Tüte Tomatencremesuppe
   (für 1 l)
1 frischer Rosmarinzweig

Zwei Orangen auspressen. Zucker in einen Topf geben, erwärmen und unter Rühren langsam schmelzen. Den Zucker etwas bräunen lassen und dann den Saft der Orangen dazugießen.

Den Packungsinhalt in 3/4 l kaltes Wasser einrühren und ebenfalls in den Topf gießen. Den Rosmarinzweig hinzufügen, das Ganze aufkochen und anschließend ca. 5 Minuten köcheln lassen.

In der Zwischenzeit aus den restlichen zwei Orangen Filets schneiden. Dazu die Orangen dick abschälen, so dass die weiße Haut vollständig entfernt wird und dann mit einem spitzen Messer die Orangenspalten aus der Haut herausschneiden. Die Filets vor dem Servieren zur Suppe geben.

16

Tomaten-
cremesuppe
mit **Rosmarin** und
Orangenfilets

1 Tüte Kräutercremesuppe
   (für 3/4 l)
25 Spinat-Minis (TK)
100 g Schafskäse
frisch geriebene Muskatnuss

Tüteninhalt mit einem Schneebesen in 3/4 l kaltes Wasser einrühren und das Ganze zum Kochen bringen. Spinat-Minis hinzufügen und die Suppe 5 Minuten köcheln lassen.

Den Schafskäse in die fertige Suppe bröckeln und mit frisch geriebener Muskatnuss geschmacklich abrunden.

Kräutercremesuppe
mit Schafskäse
und Spinat

1 Tüte Lauchcremesuppe
   (für 3/4 l)
75 g geräuchertes Forellenfilet
1 TL Meerrettich
   bzw. 1 EL Sahne-Meerrettich
3 Scheiben Pumpernickel
2 Stich Butter

3/4 l kaltes Wasser in einen Topf gießen und
den Tüteninhalt mit einem Kochlöffel einrühren.
Die Suppe unter Rühren aufkochen.

Das Forellenfilet in die Suppe zupfen und Meerrettich einrühren. Das Ganze unter gelegentlichem Rühren ca. 5 Minuten bei milder Hitze
kochen lassen.

In der Zwischenzeit die Pumpernickelscheiben
klein bröseln, die Butter in einer Pfanne erwärmen und die Pumpernickelbrösel darin
knusprig braten. Die fertige Suppe mit den
Pumpernickelcroutons bestreuen.

19

Lauchcreme-
suppe mit
Forellenfilet
und **Pumpernickel-
croutons**

100 g vorgekochte Rote Bete
1 Tüte Kartoffel-Crème-
fraîche-Suppe (für 1/2 l)
1/2 Bund Schnittlauch
1 TL Zitronensaft
1 Pr. geriebene Muskatnuss
Kräutersalz, weißer Pfeffer

1/2 l kaltes Wasser aufsetzen. Die Rote Bete in Streifen schneiden oder mit dem Kugelformer kleine Kugeln herausstechen. Wenn das Wasser kocht, den Packungsinhalt unter Rühren mit dem Schneebesen einrühren.

Die Rote Bete hinzufügen, dann ca. 3 Minuten leicht köcheln lassen. Dabei gelegentlich umrühren. Den Schnittlauch in Röllchen schneiden.

Die fertige Suppe mit Zitronensaft, Muskatnuss, Kräutersalz und Pfeffer abschmecken und mit den Schnittlauchröllchen bestreuen.

Paul hatte nie verstanden, was man an glitschiger Rote Bete finden kann, die am Salatbüfett immer liegen bleibt. Bis er bei Julia die köstliche Kartoffel-Crème-fraîche-Suppe mit den leckeren roten Kügelchen probierte. Seitdem weiß er, dass Rote Bete nicht nur schmeckt, sondern auch gut aussehen kann.

Kartoffel-Crème-
fraîche-Suppe
mit **Roter Bete**

1 kleine Zwiebel
1 Zucchini (200 g)
1 Tüte Fränkische
   Grünkernsuppe (für 1/2 l)
1 EL Öl
3 EL gemahlene
   Haselnusskerne

1/2 l Wasser zum Kochen bringen. In der Zwischenzeit die Zwiebel schälen und in kleine Würfel schneiden. Die Zucchini auf einer Reibe grob raffeln.

Den Beutelinhalt mit einem Schneebesen in das kochende Wasser rühren, anschließend unter Rühren ca. 5 Minuten köcheln lassen.

Währenddessen das Öl in einer Pfanne erhitzen, die Zwiebelwürfel hineingeben und glasig werden lassen. Dann die Zucchiniraffel wenige Minuten darin andünsten.

Das Zucchinigemüse zur Suppe geben, die gemahlenen Haselnusskerne unterrühren und die Suppe servieren.

Knorr
Feinschmecker
Fränkische
Grünkerncreme Suppe

Grünkernsuppe
mit **Zucchini** und
Haselnüssen

1 mittelgroße Zwiebel
1 TL Butter
1 Tüte Champignoncremesuppe
   (für 1/2 l)
100 g frische Champignons
80 g kräftig schmeckender Käse,
   z. B. alter Gouda
100 ml Bier

Timo bestand darauf, dass wir nichts vom Büfett essen, bevor die Gäste kamen. Dabei hatten wir aber jetzt so'n Hunger. Und konnten unmöglich noch zwei Stunden warten. Das einzige was Timo rausrückte, war 'ne Tüte Champignoncremesuppe. Aber mit dem Bier, das Birte einfach in die Suppe schüttete, schmeckte sie so lecker, dass wir hinterher gar nichts mehr vom Büfett essen wollten.

Die Zwiebel schälen und fein hacken. Die Butter in einem Topf erwärmen und die Zwiebel darin anbräunen.

Packungsinhalt in 400 ml kaltes Wasser einrühren, das Ganze zur Zwiebel in den Topf gießen, zum Kochen bringen und ca. 2 Minuten köcheln lassen. Dabei gelegentlich umrühren.

Champignons in feine Blättchen schneiden, in die Suppe geben und nochmals 1 Minute ziehen lassen. Inzwischen Käse fein reiben.

Das Bier in die fertige Suppe rühren und den geriebenen Käse dazu reichen.

23

Champignon-
cremesuppe mit

Bier und
Käse

200 g Möhren
150 g Zuckerschoten
20 g Butter
1 EL brauner oder weißer Zucker
1 Knoblauchzehe
Saft einer Limette
Salz, schwarzer Pfeffer
1 Tüte Frühlingssuppe mit
   Nudeln (für 1 l)
1/2 Bund Petersilie

1 l kaltes Wasser in einen Topf gießen und erwärmen. Möhren schälen und in Scheibchen schneiden, Zuckerschoten putzen.

Butter in einem Topf zerlassen und Möhrenscheiben und Zuckerschoten darin wenige Minuten andünsten. Den Zucker darüber streuen und alles unter Rühren etwas bräunen.

Mit dem Limettensaft ablöschen, dann das kochende Wasser aufgießen und den Tüteninhalt mit dem Schneebesen einrühren.

Knoblauch schälen und dazugeben.

Die Suppe ca. 5 Minuten leicht köcheln lassen. Die Petersilie fein hacken und auf die fertige Suppe streuen.

Maggi
Guten Appetit!
Frühling Suppe
4 Teller

Frische
Frühlingssuppe mit
karamellisierten
Möhren-
scheibchen
und **Zuckerschoten**

1 Tüte Hühnercremesuppe
   mit Chili (für 1/2 l)
1 frische Mango oder
   1 Dose Mangoscheiben
2 EL Zitronensaft
1/2 TL Curry
50 ml Sahne
1 Handvoll Mandelblättchen
1 EL Sojasauce oder Sherry
Salz, Pfeffer

1/2 l kaltes Wasser in einen Topf gießen und den Beutelinhalt mit dem Schneebesen unterrühren. Die Suppe aufsetzen und unter Rühren aufkochen.

In der Zwischenzeit die Mango schälen, bzw. die Mangoscheiben aus der Dose abgießen, in Stücke schneiden und mit dem Mixstab pürieren. Mangopüree in die kochende Suppe geben.

Mit Zitronensaft und Curry würzen und die Sahne unterrühren. Die Suppe ca. 3 Minuten köcheln lassen.

Die Mandelblättchen in einem beschichteten Pfännchen unter Rühren braun rösten. Die fertige Suppe mit Sojasauce bzw. Sherry, Salz und Pfeffer abschmecken und mit den gerösteten Mandelblättchen bestreut servieren.

26

Hühnercreme-
suppe mit

Chili, Mango
und **Mandeln**

1 Tüte Feine Erbsensuppe
mit Schinkenspeck (für 1 l)
4 Bockwürstchen
1 Glas (340 g) junges
Erbsen-Möhren-Gemüse
4 Schaschlikspieße
2 EL Crème fraîche mit Kräutern
1 TL Majoran
einige Majoranblättchen

Ob andere Mütter immer etwas zu essen parat
haben, wenn plötzlich die gesamte Nachbarskinder-
horde einfällt? Nun, ich leider nicht. Aber seitdem ich neulich aus den letzen Vorratskammer-
resten die Erbsensuppe mit den Möhren-Bock-
würstchenspießen kreiert habe, kommen sie auf-
fällig oft „nur mal so" vorbei.

1 l kaltes Wasser in einen Topf gießen und
den Packungsinhalt mit einem Schneebesen
einrühren. Den Topf auf den Herd setzen und
die Suppe unter Rühren aufkochen lassen.

Die Bockwürstchen in größere Stücke schneiden und abwechselnd mit den Möhren auf
die untere Hälfte der Schaschlikspieße stecken.
Restliche Möhren und die Erbsen zur Suppe
geben, Crème fraîche und Majoran hinzufügen
und verrühren, dann die Spieße in die Suppe
stellen und Deckel aufsetzen. Bei geringer
Wärme ca. 5 Minuten ziehen lassen.

Je einen Spieß auf den Teller legen, die Suppe
hineingeben und mit gezupften Majoranblättchen dekoriert servieren.

Erbsensuppe
mit **Möhren-
Würstchen-
spieß**

25 g Tortillachips (Chili)
50 g Frischkäse
   (Doppelrahmstufe)
1 EL Olivenöl
1 Tüte Tomatensuppe
   „Toscana" (für 1/2 l)
einige Blättchen Basilikum

1/2 l Wasser zum Kochen bringen. Tortillachips im Universalzerkleinerer (ca. 10 s) oder im Mörser zerkleinern, mit Hilfe einer Gabel unter den Frischkäse kneten, gleichzeitig das Olivenöl dazugeben.

Packungsinhalt in das kochende Wasser rühren. Basilikum in Streifen schneiden.

Mit einem Teelöffel aus der Tortilla-Frischkäsemasse kleine Nocken abstechen (ca. 12 Stück), in die Suppe geben, Basilikumstreifen darüberstreuen und servieren.

Tomatensuppe
mit
Tortillachips-Nocken

1 Tüte Gulaschsuppe (für 3/4 l)
1 pikante Wurst,
    z. B. Kabanossi oder Chorizo
1 EL Olivenöl
je 1/2 TL Thymian und Oregano
2 Lorbeerblätter
50 bis 100 ml kräftiger Rotwein
    (trocken)
1 Schuss Sahne
3 Thymianzweige

Tüteninhalt in 3/4 l kaltes Wasser einrühren und bis zum Kochen erwärmen.

Wurst in Scheiben schneiden, Öl in einer Pfanne erhitzen. Die Wurstscheiben hineingeben, mit Thymian und Oregano würzen und kurz bräunen. Die gebratenen Wurstscheiben zur Suppe geben, die Lorbeerblätter hinzufügen und die Suppe ca. 15 Minuten bei geringer Hitze köcheln lassen.

Lorbeerblätter wieder herausnehmen und Rotwein und Sahne unterrühren. Die fertige Suppe mit den Thymianstängeln garnieren.

Gulaschsuppe mit
Kabanossi und
Rotwein

50 g Parmesan
1 Ei
3 EL Mehl
1 Tüte Frühlingssuppe mit
    Nudeln (für 1 l)
1 TL Pesto

1 l kaltes Wasser auf den Herd setzen und zum Kochen bringen. Parmesan fein reiben. Das Ei in einer Schale verschlagen, dann Mehl und geriebenen Parmesan unterheben.

Den Packungsinhalt in das kochende Wasser rühren und die Eimasse durch eine Nudel- oder Spätzlepresse (ersatzweise eine Raffelreibe oder ein grobmaschiges Sieb) in die Suppe drücken.

Das Ganze noch ungefähr 2–3 Minuten garen lassen, dann Pesto unterrühren und servieren.

Frühlingssuppe mit
Parmesan-
nockerln

1 Tüte Sternchensuppe
  (für 1 l)
1 EL Schnittlauchröllchen
20 g Butter zum Anbraten
2 Toastbrotscheiben
2 Käse-Scheibletten
kleine Mond-Ausstechform

1 l kaltes Wasser zum Kochen bringen und anschließend den Inhalt des Päckchens mit einem Schneebesen in das kochende Wasser rühren. Die Schnittlauchröllchen hinzufügen und die Suppe ca. 10 Minuten bei geringer Wärme kochen lassen.

In der Zwischenzeit die Butter in einer Pfanne zerlassen und die Toastscheiben zunächst von einer Seite kurz anrösten, dann umdrehen, mit den Scheibletten belegen und mit aufgesetztem Deckel nochmals kurz rösten.

Die belegten Toastscheiben aus der Pfanne nehmen, auf ein Brettchen legen und mit der Ausstechform Monde herausstechen. Die fertige Suppe auf die Teller verteilen und die Käsemonde aufsetzen.

Nudelsuppe mit
Sternchen und
Käsemonden

3 geh. EL gesalzene
Cashewkerne
1 milde Peperoni oder 1/2 rote
Paprikaschote
1 Tüte Blumenkohl-Broccoli-
creme-Suppe (für 600 ml)
2 EL Olivenöl
1 TL Senf
einige Blättchen Zitronenmelisse

600 ml kaltes Wasser aufsetzen und zum Kochen bringen. Die Cashewkerne grob hacken und Peperoni bzw. Paprika fein schneiden.

Den Packungsinhalt mit einem Schneebesen in das kochende Wasser rühren und ca. 5 Minuten bei schwacher Hitze kochen lassen. Dabei ab und zu umrühren.

Olivenöl in einer Pfanne erhitzen und die gehackten Cashewnüsse und Peperonischeiben darin bräunen.

Den Senf in die Suppe rühren und die Mischung aus Cashewkernen und Peperoni darüber streuen. Mit den Zitronenmelisseblättchen garnieren.

Blumenkohl-
Broccolicreme-
Suppe mit
Cashewkernen
und Peperoni

1 Tüte Hühnersuppe
mit Nudeln (für 1 l)
1 Apfel
1/2 geh. TL Curry
1 Spritzer Zitronensaft
1/8 Liter Sahne
Curry, Paprikapulver

1 l kaltes Wasser zum Kochen bringen, während dessen einen Apfel auf einer Reibe fein reiben. Den Packungsinhalt mit einem Schneebesen in das kochende Wasser einrühren.

Den fein geriebenen Apfel hineingeben, mit Curry und Zitronensaft würzen und ca. 5 Minuten bei schwacher Hitze köcheln lassen.

Die Sahne mit dem Mixer ca. 1 Minute cremig aufschlagen und unter die fertige Suppe ziehen.

Mit etwas Curry- und Paprikapulver dekorieren.

Eigentlich hatte Patrick ja gehofft, mit ganz viel Süßigkeiten vom Martinsumzug nach Hause zu kommen. Stattdessen kehrte er mit einem ganzen Sack Äpfel zurück. Nicht gerade der Traum eines Bonbon-liebenden Fünfjährigen. Zum Trost habe ich ihm seine Lieblingshühnersuppe gekocht. Und den Apfel, den ich ihm zu Ehren dazugegeben habe, fand er sogar richtig klasse. Gut, dass wir noch einen ganzen Sack für viele Suppen haben.

34

Apfel-Curry
Rahm-
Hühnersuppe

1 Tüte Gemüsesuppe
   Minestrone (für 3/4 l)
2 Teebeutel Fencheltee
1 reife Birne
150 g Rotbarschfilet
Salz, Pfeffer
1 TL Zitronensaft

3/4 l Wasser in einen Topf gießen und auf dem Herd zum Kochen bringen. Zunächst den Beutelinhalt mit einem Schneebesen in das kochende Wasser einrühren, dann die beiden Teebeutel hineinhängen.

Die Suppe ca. 15 Minuten bei schwacher Wärme kochen lassen. Die Birne schälen, klein schneiden und direkt zur Suppe geben.

Das Rotbarschfilet ebenfalls in kleine Stücke zupfen und 5 Minuten vor Ende der Kochzeit in die Suppe geben. Die fertige Suppe mit Gewürzen und Zitronensaft abschmecken.

Minestrone
mit **Birne** und
**Fenchel-
Rotbarsch**

1 Tüte Kartoffelcremesuppe
  (für 1/2 l)
50 g Rucola
3 EL gewürfelter Speck,
  z. B. Bacon
1 TL Öl

1/2 l kaltes Wasser in einen Topf geben, Tüteninhalt einrühren und unter mehrmaligem
Rühren aufkochen.

Währenddessen den Rucola waschen und in
feine Streifen schneiden. Öl in einer Pfanne
erwärmen und den Speck darin anbräunen.

Rucolastreifen in die fertige Suppe rühren, den
Speck dazureichen.

Kartoffelcreme-
suppe mit
Rucola und
Speck

1 Tüte Nudelsuppe (für 1 l)
1 Dose Thunfisch (in Wasser)
1 Dose (400g) Pizzatomaten
1/2 Bund krause oder
   glatte Petersilie
1 kleiner Mozzarella (125 g)

1/2 l Wasser zum Kochen bringen und den Packungsinhalt unter Rühren hineingeben.

Den Thunfisch und die Pizzatomaten zur Suppe geben und ca. 10 Minuten bei milder Hitze kochen lassen, dabei gelegentlich umrühren. Die Petersilie hacken und kurz vor Ende der Garzeit in die Suppe rühren.

Mozzarella würfeln oder zupfen und über die fertige Suppe streuen.

Nudelsuppe
mit **Thunfisch,
Pizza-
tomaten**
und **Mozzarella**

1 Tüte Tomatencremesuppe
  (für 1 l)
250 g Naturjoghurt (3,5 %)
1 TL Speisestärke
2 Knoblauchzehen
1 Spritzer Zitronensaft
Salz, Pfeffer
3 EL gehackte Petersilie

Tomatencremesuppe mit
Knoblauch-
Petersilie-
Joghurtdip

Packungsinhalt mit dem Schneebesen in kaltes Wasser einrühren und zum Kochen bringen. Das Ganze ab und zu umrühren und ca. 3 Minuten bei milder Hitze kochen lassen.

Den Joghurt mit einem Löffel cremig schlagen und die Speisestärke unterrühren. Die Knoblauchzehen schälen und in den Joghurt pressen.

Den Dip mit Zitronensaft, Salz und Pfeffer abschmecken und die gehackte Petersilie unterheben.

Den Joghurt in die fertige, nicht mehr kochende Suppe rühren oder in die Suppenteller klecksen.

1 l kaltes Wasser in einen Topf gießen, den Beutelinhalt mit einem Kochlöffel einrühren und bis zum Kochen erhitzen. Ajvar hinzufügen und dann ca. 15 Minuten bei geringer Hitze köcheln lassen. Dabei gelegentlich umrühren.

Gehacktes in eine Schüssel geben, mit Pesto verkneten und etwas salzen und pfeffern. Aus der Masse Röllchen formen und in heißer Butter von allen Seiten anbraten, dann Deckel auf die Pfanne setzen und ca. 10 Minuten garen lassen.

Basilikum in feine Streifen schneiden. Suppe mit den Röllchen und Basilikumstreifen garniert servieren.

1 Tüte Tomatensuppe (für 1 l)
3 EL Ajvar (Paprika Gemüsezubereitung)
250 g Hackfleisch
2 geh. TL Pesto
Salz, Pfeffer
2 Stich Butter
4 Stängel frisches Basilikum

Tomatensuppe mit
Pestoröllchen und
Basilikum

für 4 Teller
20 Min

1 Tüte Tomatencremesuppe
  (für 1 l)
2 Scheiben Toastbrot
1 Salatgurke
2 Knoblauchzehen
2 EL Olivenöl
1 EL Aceto Balsamico
Salz, Pfeffer, Paprika
1 Chicorée

Erst habe ich mich schon aufgeregt, dass sich Franzi und Oliver mal wieder um Stunden verspätet haben. Zumal ich extra noch schnell die Tomatensuppe gekocht hatte. Doch als wir die Suppe dann endlich gegen Mitternacht gegessen haben, natürlich kalt, erinnerte sie mich doch stark an die leckere Gazpacho, die wir letztes Jahr zusammen in Granada probiert hatten. Gut, dass Franzi noch die Idee mit den Chicoréeblättern hatte.

Packungsinhalt in 1/2 l Wasser einrühren und auf dem Herd bis zum Kochen erwärmen, anschließend ca. 5 Minuten köcheln lassen. Toastbrot hineinlegen und erkalten lassen.

Gurke schälen und in große Stücke schneiden. Evtl. einige ungeschälte dünne Gurkenscheiben zur Dekoration zurückbehalten. Knoblauchzehen schälen und fein reiben.

Alles mit dem Olivenöl und dem Essig in einen hohen Topf geben und pürieren. Mit den Gewürzen abschmecken und ca. 1 Stunde in den Kühlschrank stellen.

Chicorée putzen und in einzelne Blätter zerteilen. Die kalte Tomatensuppe auf den Chicoréeblättern servieren und mit Gurkenscheiben dekorieren.

Kalte
Tomatencremesuppe
mit Salatgurke
und Chicorée-
blättern

1 rote Chilischote oder
  2–3 kleine scharfe Piri-Piris
1 Limette (unbehandelt) oder
  alternativ 2 EL Zitronensaft
250 ml Kokosmilch (ungesüßt)
1 Tüte Hühnersuppe mit Nudeln
  (für 3/4 l)
1 Glas Bambussprossen
2 TL süße Sojasauce
1/2 TL Paprika Edelsüß
1/2 TL Kurkuma (Gelbwurz)
einige Blättchen frischer
  Koriander

Chilischote (am besten mit Handschuhen) längs aufschneiden, Kerne und Fasern entfernen und in Ringe schneiden.

Limette in dünne Scheiben schneiden. 1/2 l Wasser und die Kokosmilch in einen Topf gießen, die Chiliringe, bzw. Piri-Piris und Limettenscheiben (bzw. Zitronensaft) dazugeben und bis zum Kochen erhitzen.

Packungsinhalt mit einem Kochlöffel einrühren und ca. 3 Minuten bei geringer Hitze kochen lassen. Mit Sojasauce und Gewürzen abschmecken. Mit Korianderblättchen bestreut servieren.

Hühnersuppe
thailändische Art

2 Knoblauchzehen

20 g Butter

3 EL Reis

1 Tüte Gemüsesuppe Minestrone
(für 3/4 l)

1 Hand voll Petersilie

1/2 Hand voll Basilikum

1 EL kaltgepresstes Olivenöl
frisch geriebener Parmesan

Knoblauchzehen schälen und in Würfel schneiden. Butter in einem Topf zerlassen, die Knoblauchwürfel und den Reis darin ein wenig dünsten, dann mit 900 ml Wasser aufgießen.

Das Ganze zum Kochen bringen und den Packungsinhalt mit einem Kochlöffel in die kochende Flüssigkeit einrühren. Ca. 15 Minuten leicht köcheln lassen.

In der Zwischenzeit Petersilie und Basilikum klein schneiden und in der Suppe ziehen lassen. Olivenöl in die fertige Suppe rühren und mit Parmesan bestreut servieren.

Minestrone
mit **Reis** und
Parmesan

1 Tüte Zwiebelcremesuppe
  (für 1/2 l)
1 große Zwiebel
150 g Schweinefleisch,
  z. B. 1 Schweineschnitzel
Salz, Pfeffer, Gyrosgewürz
2 geh. EL Kartoffel-
  püreeflocken
100 ml kalte Milch

Zwiebelcreme-suppe mit
Gyros

1/2 l kaltes Wasser zum Kochen bringen. Den Packungsinhalt einrühren und ca. 5 Minuten bei milder Hitze kochen lassen. Gelegentlich umrühren.

Zwiebel schälen und in Ringe schneiden. Schweinefleisch in dünne, mundgerechte Streifen schneiden. Öl in einer Pfanne erhitzen, zunächst die Zwiebelringe darin dünsten, dann die Schweinefleischstreifen darin anbraten.

Das Fleisch salzen, pfeffern und mit Gyrosgewürz würzen. Die Kartoffelpüreeflocken in die kalte Milch rühren und in die heiße Suppe geben.

Alles verrühren, auf Teller verteilen und die Gyrosstreifen darauf anrichten.

1 kleine Dose Ananas in Stücken
  oder Scheiben
1 Tüte Zwiebelsuppe (für 3/4 l)
1 geh. EL Tomatenmark
1–2 Msp. Sambal Oelek

Ananas über ein Sieb abgießen und dabei den Saft auffangen. Den Saft mit Wasser auf 3/4 l ergänzen und in einem Topf zum Kochen bringen.

Packungsinhalt einrühren und alles kurz aufkochen, dann bei geringer Wärme ca. 10 Minuten köcheln lassen. Die Ananas in feine Stückchen schneiden und zur Suppe geben.

Zum Schluss Tomatenmark einrühren und mit Sambal Oelek scharf abschmecken.

Scharfe
Zwiebel-Ananas-
Suppe

50 g Soft-Trockenpflaumen
2 EL Pinienkerne
1 Tüte Zwiebelsuppe (für 3/4 l)
1 Msp. Zimt

Wieso müssen David und Gregor immer unangemeldet vorbeikommen? Und dann noch nervig
mit den Suppenlöffeln klappern, wenn ich ihnen
schnell eine Zwiebelsuppe koche? Zur Rache habe
ich einfach Evas Trockenpflaumen in die Suppe
geworfen. Leider fanden die beiden das richtig
köstlich... und ich eigentlich auch.

3/4 l kaltes Wasser aufsetzen und zum Kochen
bringen. Währenddessen die Trockenpflaumen
klein schneiden und die Pinienkerne hacken.

Den Packungsinhalt mit einem Kochlöffel in
das kochende Wasser rühren und ca. 10 Minuten köcheln lassen.

Nach 5 Minuten Kochzeit die Pflaumen und
die Pinienkerne hinzufügen. Die fertige Suppe
mit dem Zimt abschmecken.

Zwiebelsuppe
mit **Pflaumen** und
**Pinien-
kernen**

1/4 l Karottensaft (gesüßt oder ungesüßt, je nach Geschmack)

1 Tüte Kartoffelcremesuppe (für 1/2 l)

1 TL gemahlener Kreuzkümmel

1/2 TL gemahlener Koriander

1 TL Zitronensaft

4 EL Sahne

1 geh. EL Tomatenmark

1/2 gestr. TL Paprika Edelsüß

einige frische Koriander-blättchen oder glatte Petersilie

1/4 l kaltes Wasser mit dem Karottensaft in einem Topf mischen und den Packungsinhalt mit dem Schneebesen einrühren.

Die Suppe auf dem Herd erwärmen und kurz aufkochen. Kreuzkümmel, Koriander und Zitronensaft unterrühren.

Die Suppe in zwei Portionen aufteilen. Die Sahne mit der einen Suppenportion verrühren, Tomatenmark und Paprikapulver unter die zweite Portion rühren.

Zunächst in jeden Teller etwas von der dunkleren Suppe geben, dann die helle hinzufügen und beide mit einem Löffel etwas ineinander rühren.

Mit Koriander- oder Petersilienblättchen dekorieren.

Indische

Möhren-Kartoffel-
Suppe

1 Tüte Zwiebelsuppe (für 3/4 l)
50 ml Sherry
1/8 l Sahne
300 g Miesmuscheln oder
    TK Fruit de Mer (vorgekocht)

3/4 l Wasser zum Kochen bringen und den Packungsinhalt mit einem Schneebesen einrühren. Muscheln gründlich säubern, in die Suppe geben und bei mäßiger Wärme ca. 10 Minuten köcheln lassen. (Fruit de Mer je nach Packungsanweisung.)

Sherry und Sahne hinzufügen und alles mit dem Pürierstab ca. 1/2 Minute schaumig schlagen.

50

Zwiebelsuppe
„Sherry-Cream"
mit Muscheln

200 g Hähnchen- oder
Putenbrustfilet
2 EL Sonnenblumenöl
2 EL Granatapfelsirup
1 EL süße Sojasauce
Salz, schwarzer Pfeffer
1 Tüte Hühnersuppe mit Nudeln
(für 1 l)
2 EL Weißwein
1 Frühlingszwiebel
evtl. einige frische Granatapfelkerne zur Dekoration

1 l kaltes Wasser aufsetzen und zum Kochen bringen. Hähnchenbrustfilet in feine Streifen schneiden.

Öl in der Pfanne erhitzen, die Streifen dazugeben, unter Wenden anbraten, mit Granatapfelsirup und Sojasauce ablöschen und noch in der Pfanne kräftig mit Salz und Pfeffer würzen.

Beutelinhalt in das kochende Wasser einrühren und ca. 5 Minuten unter gelegentlichem Rühren bei verminderter Hitze weiter köcheln lassen. Die gebratenen Fleischstreifen hinzufügen und die Suppe mit dem Wein abschmecken.

Die Frühlingszwiebel putzen und in Ringe schneiden. Granatapfelkerne herauslösen und mit den Frühlingszwiebelringen auf die Suppe streuen.

52

Hühnersuppe
mit Granat-apfelsirup

Als Tante Sophia plötzlich vor der Tür stand, wurde es Klara doch mulmig zumute. Was konnte sie bloß ihrer gefürchteten Feinschmeckertante anbieten? Die improvisierte Suppe mit den Granatapfelkernen ist dann zum Glück sehr gut angekommen. Tante Sophia hat sogar lobend genickt. Dass es eine Tütensuppe war, wird sie hoffentlich nie erfahren. Und hoffentlich auch nie mehr unangemeldet vorbeikommen.

für 4 Portionen
60 Min

400 g Hähnchenbrustfilet
1 Tüte Champignoncremesuppe
   (für 1/2 l)
1 Becher Sahne (200 g)
100 ml Milch
300 g kleine Champignons
einige Blätter frischer oder
   getrockneter Estragon
1 EL grüner Pfeffer

Hähnchenbrustfilet abwaschen und trocken tupfen. Von allen Seiten mit etwas Salz und Pfeffer bestreuen und einreiben. Eine kleine Auflaufform fetten und die Hähnchenbrustfilets eng nebeneinander hineinlegen.

1 EL des Beutelinhalts über das Hähnchenfleisch verteilen, den Rest in die Sahne rühren. Milch zur Sahne geben, die Champignons putzen und halbieren.

Estragon klein schneiden. Grünen Pfeffer abspülen, etwas zerdrücken und mit Estragon und den Champignons unter die Sahnemischung rühren.

Die Sauce auf den Hähnchenfilets verteilen und im vorgeheizten Backofen bei 200°C ca. 45 Minuten überbacken.

Gepfeffertes
Champignon-Hähnchen
aus dem Backofen

150 g Blutwurst
1 Tüte Flädlesuppe (für 3/4 l)
20 g Butter
6 EL Apfelmus

3/4 l Wasser in einen Topf gießen und bis zum Kochen erwärmen. Blutwurst in kleine Streifen schneiden. Butter in einer Pfanne erhitzen und die Blutwurststreifen kurz darin dünsten.

Den Packungsinhalt mit einem Schneebesen in das kochende Wasser einrühren und unter Rühren aufkochen lassen.

Die gebräunten Blutwurststreifen in die fertige Suppe geben. Suppe auf drei Teller verteilen und auf jede Suppenportion 2 Esslöffel Apfelmus geben.

54

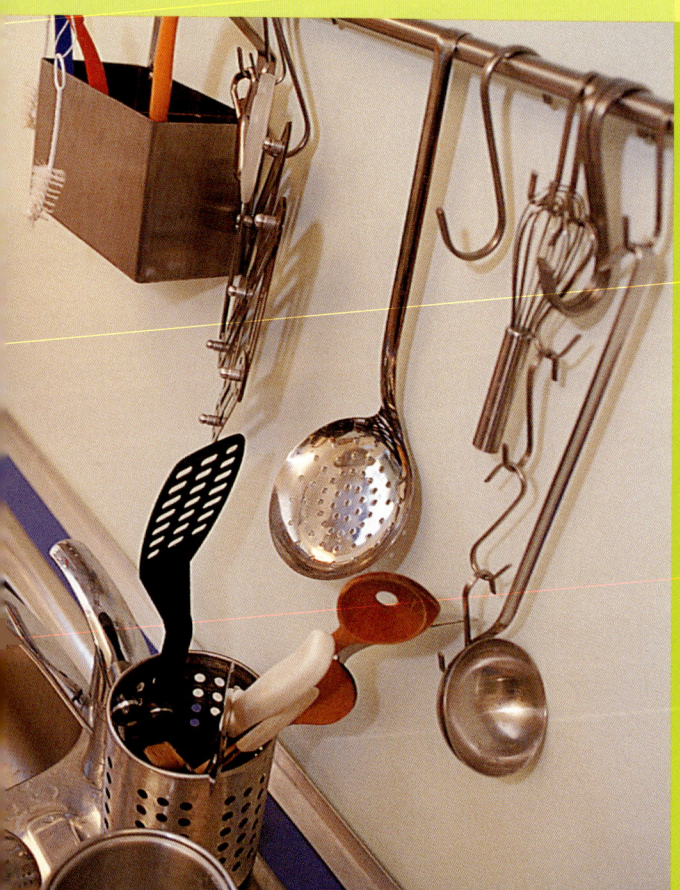

Knorr Feinschmecker
Flädlesuppe

Flädlesuppe mit
Blutwurst und
Apfelmus

1 kleine Zwiebel
1 rote Paprika
1 EL Öl
1 Tüte Waldpilzsuppe oder
   Pfifferlingsuppe (für 1/2 l)
200 g Gehacktes vom Rind
Salz, Pfeffer
Schnittlauchröllchen (TK)

Heute habe ich für Vati mal wieder seine Lieblingssuppe mit Pilzen gekocht. Dabei wußte ich
schon vorher, dass er wieder mit seiner alten Ge-
schichte anfangen würde: Anno 1950, als er mit
Udo zelten war, und sie nur noch diese Tütensuppe
dabei hatten, wie Udo mit den gesammelten
Pilzen ankam, und beide die ganze Nacht nicht
schlafen konnte, weil sie Angst hatten, dass Udo
das Pilzerkennungsbuch doch nicht richtig ange-
wendet hatte. Aber eigentlich höre ich die Ge-
schichte immer wieder ganz gerne, und die Suppe
war auch mal wieder richtig lecker.

56

1/2 l Wasser aufsetzen. In der Zwischenzeit die
Zwiebel schälen und in kleine Würfel schneiden. Paprika waschen, putzen und ebenfalls
klein schneiden. Öl in einer Pfanne erhitzen, die
Zwiebelwürfel darin glasig dünsten.

Wenn das Wasser kocht, den Packungsinhalt
mit dem Schneebesen einrühren und ca. 5
Minuten köcheln lassen. Die Paprikawürfel und
das Hackfleisch in die Pfanne geben und unter
Rühren krümelig braten.

Mit Salz und Pfeffer würzen, zur Suppe geben,
nochmal abschmecken und mit Schnittlauchröllchen bestreut servieren.

Waldpilzsuppe
mit Gehacktem
und Paprika-
würfeln

400 g Kabeljau- oder
Rotbarschfilet
Salz, Pfeffer
Saft einer 1/2 Zitrone
75 g Butter
1 Tüte Kräutercremesuppe
(für 1/2 l)
1/2 Becher Sahne (100 g)
2 EL Semmelbrösel

Fischfilet von beiden Seiten salzen, pfeffern,
mit Zitronensaft beträufeln und in eine feuerfeste Form legen.

50 g Butter in einem Topf zerlassen, den Packungsinhalt in die geschmolzene Butter rühren, die Sahne hinzufügen und unter Rühren
kurz aufkochen lassen. Die Masse auf dem
Fischfilet verteilen, dann die Semmelbrösel
obenauf streuen und die restliche Butter in
Flöckchen auf den Bröseln verteilen.

Im vorgeheizten Backofen bei 180–200 °C ca.
20 Minuten backen.

Rot-
barschfilet
mit Kräuter-
cremekruste

50 ml Sahne
3 Eier
1 Tüte Spargelcremesuppe
  (für 3/4 l)
4 EL rote Linsen
1 Spritzer Zitronensaft
2 TL Deutscher Kaviar

700 ml kaltes Wasser und Sahne in einen Topf geben und bis zum Kochen erwärmen. Die Eier in einem anderen Topf hart kochen (8–10 Minuten).

Den Packungsinhalt mit einem Schneebesen in das kochende Wasser einrühren, die Linsen hinzufügen und ca. 5 Minuten leicht köcheln lassen.

Die fertige Suppe mit Zitronensaft abschmecken. Die gekochten Eier abschrecken, pellen und halbieren.

Die Suppe auf die Teller verteilen, die Eihälften mit wenig Kaviar dekorieren und je zwei Hälften in einen Suppenteller setzen.

Spargelcreme-
suppe mit
roten Linsen
und Ei-Kaviar-
Inseln

1 Tüte Schinkencremesuppe
   (für 1/2 l)
150 g TK Erbsen
2 Scheiben gekochter Schinken
1 Pr. Muskatnuss

1/2 l kaltes Wasser aufsetzen und zum Kochen bringen. Tüteninhalt mit einem Schneebesen in das kochende Wasser einrühren und anschließend die Erbsen hinzufügen.

Das Ganze ca. 3 Minuten bei mäßiger Wärme köcheln lassen. Den Schinken in Streifen schneiden.

Die Suppe mit Muskatnuss würzen und mit den Schinkenstreifen bestreut servieren.

Schinken-
cremesuppe mit
Erbsen

für 2 Teller
10 Min

1 Tüte Kartoffelcremesuppe
   (für 1/2 l)
200 g grüne Bohnen (Konserve)
2 EL Kokosflocken
2 EL frisches oder 1 TL
   getrocknetes Bohnenkraut
1 Msp. Piment
etwas Curry und Chiligewürz

Eigentlich hatte Silke die Kokosflocken nur in die
Suppe geworfen, weil Christopher mal wieder so
mit seinem Batida de Coco Cocktailrezept angab.
Dass das Ganze so gut schmecken würde, hatte
sie wirklich nicht geahnt. Aber seitdem gibt sie
noch mehr mit ihrem Suppenrezept an, als Christopher mit seinen lausigen Cocktails.

1/2 l kaltes Wasser in einen Topf geben und
den Tüteninhalt unter Rühren mit einem
Schneebesen hinzufügen. Bohnen und Kokosflocken dazugeben und das Ganze unter Rühren
erwärmen und kurz aufkochen.

Das Bohnenkraut zupfen. Die Suppe mit Piment
würzen und mit Curry und Chili geschmacklich
abrunden.

Vor dem Servieren mit dem gezupften Bohnenkraut bestreuen.

Kartoffelcreme-
suppe mit
Bohnen
und **Kokosflocken**

1 Tüte Lauchcremesuppe
(für 3/4 l)
2 geriebene Kartoffeln
(mittelgroß)
1 Lachsfilet (ca. 100 g)
1/2 Bund Dill
4 TL Crème fraîche

3/4 l kaltes Wasser in einen Topf geben und den Inhalt des Beutels mit einem Kochlöffel einrühren. Den Topf auf den Herd setzen und unter Rühren bis zum Kochen erhitzen.

Kartoffeln schälen und auf einer feinen Reibe direkt in die Suppe reiben. Das Lachsfilet zunächst am Stück in die Suppe geben. Alles anschließend ca. 5 Minuten bei milder Hitze kochen.

Das Lachsfilet in kleine Stücke teilen. Dill von den dicken Stängeln zupfen und etwas klein schneiden.

Suppe auf die Teller verteilen, jeden Teller mit je einem Teelöffel Crème fraîche dekorieren und mit Dill bestreuen.

Knorr
Feinschmecker
Lauchcreme
Suppe

Lauchcreme-
suppe mit
frischem Lachs
und **Dill**

1 Tüte Ochsenschwanz-
suppe (für 1 l)
1 EL Erdnusscreme
3 EL schwarze Oliven in
Scheiben (aus dem Glas)
Salz
2 EL gehackte Erdnüsse
zum Bestreuen

Ochsenschwanz-
suppe mit
Erdnüssen
und Oliven

1 l kaltes Wasser zum Kochen bringen. Inhalt des Päckchens mit dem Schneebesen in das heiße Wasser einrühren.

Die Erdnusscreme mit wenig heißer Flüssigkeit aufrühren und dann in die Suppe geben. Die Olivenscheiben ebenfalls hinzufügen und das Ganze noch 2–3 Minuten unter gelegentlichem Rühren bei geringer Wärme kochen lassen.

Mit Salz abschmecken und mit den gehackten Erdnusskernen bestreut servieren.

1 l kaltes Wasser in einen Topf geben und Tüteninhalt einrühren. Den Topf aufsetzen und unter Rühren bis zum Kochen erhitzen.

Die Kidneybohnen abgießen, dazugeben, die Suppe anschließend ca. 15 Minuten köcheln lassen und gelegentlich umrühren.

Die Kartoffeln pellen und mit einer Gabel oder dem Kartoffelstampfer zerquetschen. Die Knoblauchzehen schälen und fein hacken.

Das Olivenöl zusammen mit den Knoblauchwürfeln zum Kartoffelmus geben und alles untermengen. Mit dem Salz würzen.

Je einen Schlag Kartoffel-Aioli in den Teller geben und die Suppe dazugießen.

1 Tüte Ochsenschwanzsuppe
(für 1 l)
1 kleine Dose Kidneybohnen
2 große Pellkartoffeln
vom Vortag
2 Knoblauchzehen
2 EL Olivenöl
1/4 TL Salz

Ochsenschwanz-
suppe mit
Kartoffel-Aioli

1 Tüte Ochsenschwanz-
suppe (für 1 l)
2 Eigelb
1/4 l Sahne
1 EL Madeira

Eigentlich koche ich die Ochsenschwanzsuppe
nur, weil Claudias Sohn Pieter bei „Ochsen-
schwanz" immer so nett giggelt. Auch schon bevor er die mit Madeira abgeschmeckte Suppe
probiert hat. Aber das mit dem Madeira ver-
schweige ich Claudia sowieso besser.

1 l kaltes Wasser aufsetzen und zum Kochen
bringen. Den Tüteninhalt mit dem Schneebesen in das kochende Wasser rühren und ca.
5 Minuten bei geringer Wärme kochen lassen.
Ab und zu umrühren.

Das Eigelb in einer Schale mit der Sahne verschlagen und in die fertige heiße Suppe rühren.
Die Suppe danach nicht mehr kochen.

Mit dem Madeira abschmecken und servieren.

Ochsenschwanz-
suppe mit
Ei und Madeira

1 Tüte Hühnersuppe mit
  Nudeln (für 3/4 l)
2 Handvoll Bandnudeln
1/2 TL Curry
3 Eier
1 TL Sambal Oelek
1 TL Schnittlauchröllchen
3 Butterflöckchen

800 ml kaltes Wasser aufsetzen und zum Kochen bringen. Packungsinhalt in das kochende Wasser einrühren, die Bandnudeln hinzufügen und ca. 8 Minuten kochen lassen.

Mit Curry würzen und anschließend die Eier nacheinander aufschlagen und roh in die Suppe gleiten lassen.

Das Eiweiß in der Suppe vorsichtig verrühren, das Eigelb jedoch nicht. So entstehen drei Eigelbkugeln. Das Ganze ca. 2 Minuten weiterkochen lassen, dann Schnittlauchröllchen und Sambal Oelek einrühren.

Die Suppe auf drei Teller verteilen und je ein Butterflöckchen aufsetzen.

Dies ist Marks absolute Lieblingssuppe. Und deswegen hat er sie schon mindestens tausendmal gegessen. Und wenn er sich und Stefanie was besonders Gutes tun will, tut er noch ein paar Putenbruststreifen dazu. Sozusagen als Ralleystreifen für die getunte Suppe.

66

Hühnersuppe
mit Nudeln und
pochiertem
Eigelb

1 Tüte Spargelcremesuppe
(für 1/2 l)
1 Dose Eismeerkrabben
(150 g)
1 Orange
1/2 Bund frische Petersilie

450 ml Wasser zum Kochen bringen, den Tüteninhalt unter Rühren mit einem Schneebesen
hineingeben.

Salzlake der Krabben abgießen, die Krabben
kurz spülen und zur Suppe geben. Die Suppe
ca. 1 Minute leicht köcheln lassen.

Währenddessen die Orange auspressen und
die Petersilie fein hacken. Den Orangensaft in
die Suppe geben, umrühren und die Suppe
mit der gehackten Petersilie servieren.

Spargelcreme-
suppe mit
Orangen und
Krabben

für 2 Teller
10 Min.

1 Tüte Skandinavische
  Krabbensuppe (für 1/2 l)
1 reife Avocado
1 EL Zitronensaft
1/2 Bund frischer Dill
Kräutersalz, weißer Pfeffer

Packungsinhalt in 1/2 l kaltes Wasser einrühren. Suppe bis zum Kochen erwärmen und
ca. 3 Minuten köcheln lassen.

Avocado schälen und mit dem Zitronensaft
pürieren. Dill klein zupfen. Avocadopüree in
die fertige Suppe einrühren, mit Kräutersalz
und weißem Pfeffer abschmecken.

Mit Dill bestreut servieren.

Skandinavische
Krabbensuppe mit
Avocado
und Dill

für 2 Teller
10 Min

250 g Ravioli oder Tortellini
  (Kühltheke)
1 Becher Sahne (200 g)
100 ml Wasser
1 Tüte Tomatensuppe
  „Toscana" (für 1/2 l)
50 g Käse, z. B. Gruyère
1 Knoblauchzehe
einige Stängel frischer Thymian
  oder Basilikum

Die Tortellini oder Ravioli nach Packungsanweisung ca. 1 Minute in siedendem Salzwasser kochen.

Sahne und Wasser in einem Topf mischen, den
Packungsinhalt einrühren und alles einmal
aufkochen lassen. Den Käse hineinreiben und
die zerkleinerte Knoblauchzehe dazugeben.

Mit Thymianblättchen oder geschnittenem
Basilikum würzen. Die Ravioli im Tomaten-
rahm servieren.

Ravioli in
Tomaten-rahm

800 g Kartoffeln
200 ml Milch
100 ml Wasser
1 Tüte Zwiebelsuppe (für 3/4 l)
    oder 1 Tüte Broccolicreme-
    suppe usw.

Kartoffeln schälen, in kleine Stücke schneiden und ca. 20 Minuten im Salzwasser gar kochen.

Milch und Wasser in einem größeren Topf mischen, auf dem Herd zum Kochen bringen, den Beutelinhalt einrühren und ca. 5 Minuten bei milder Hitze köcheln lassen.

Die fertigen Kartoffeln abgießen, zur Suppe geben und mit dem Kartoffelstampfer pürieren.

Selbstgemachtes
Kartoffel-
püree mit
Zwiebelaroma

1 Tüte Nudelsuppe
(für 1 l)
3 EL Crème fraîche
1 Kressebeet

1 l Wasser zum Kochen bringen, dann den Beutelinhalt mit einem Schneebesen in das kochende Wasser einrühren.

Bei geringer Wärmezufuhr ca. 8–10 Minuten kochen lassen, dabei ab und zu umrühren.

Zum Schluss die Crème fraîche unterrühren und die Kresseblättchen mit einer Schere direkt in die Suppe schneiden.

Nudelsuppe
mit **Crème fraîche**
und **Kresse**

1 Päck. TK Blätterteig (450 g)

6 mittelgroße Zwiebeln

1 Tüte Schinkencremesuppe
   (für 1/2 l)

1 Becher Sahne (200 g)

1 Becher Schmand (250 g)

2 Eigelb

Salz, schwarzer Pfeffer

50 g Körnermischung aus
   Pinien-, Sonnenblumen- und
   Kürbiskernen

„Wie hat Babette nochmal diesen superleckeren Zwiebelkuchen zum neuen Federweißen gebacken? Irgendwas mit Blätterteig, Schmand, und ???" Jana überlegte kurz und mixte dann einfach eine Tüte Schinkencremesuppe dazu. Und musste zugeben, dass sie mit dem Ergebnis vollkommen zufrieden war. Vielleicht schmeckte so der Kuchen sogar einen Tick besser als der von Babette.

74

Blätterteigscheiben trennen und ca. 10 Minuten auftauen lassen. Die Zwiebeln inzwischen schälen und in Ringe schneiden.

Die Blätterteigscheiben abbürsten, nebeneinander legen und zu einem Boden in Blechgröße auswalzen. Ein Blech mit Backpapier auslegen und den Blätterteigboden hineinlegen.

Die Zwiebelringe auf dem Boden verteilen. Den Inhalt des Päckchens in die Sahne einrühren, Schmand und Eigelb ebenfalls unterrühren und nach Geschmack mit Salz und Pfeffer nachwürzen.

Den Guss auf den Zwiebeln verteilen und das Ganze im vorgeheizten Backofen bei 170 °C ca. 35 Minuten backen. Nicht vergessen, die Kerne ca. 10 Minuten vor Ende der Backzeit auf die Oberfläche zu streuen.

Zwiebelkuchen
mit Schinkencremeguss

Register

Ver-zeichnis der Tüten-suppen

Die Abkürzungen in den
Rezepten bedeuten:
EL = Esslöffel
TL = Teelöffel
Msp. = Messerspitze
Päck. = Päckchen
TK = Tiefkühlkost
Pr. = Prise
geh. = gehäuft

Die Deutsche Bibliothek – CIP-Einheitsaufnahme
Werner, Kordula: Das Tütensuppenkochbuch :
holen Sie das Beste aus der Tüte! / Kordula
Werner.-Köln : vgs, 2002

Redaktion: Stefanie Koch
Lektorat: Katja Fauth
Fotos: Cornelis Gollhardt, Köln u.
Stephan Wieland, Düsseldorf
Produktion: Annette Hillig
Umschlaggestaltung: Christa Marek, Köln
Layout und Satz: Christa Marek, Köln
Druck: Passavia, Passau
Printed in Germany
ISBN 3-8025-1488-2

Besuchen Sie unsere Homepage: www.vgs.de

Genießen erlaubt!
Die gute alte Küche –
neu entdeckt von
Horst Lichter

Essen soll Genuss sein, nicht lästige Versuchung.

Horst Lichter hatte schon immer eine besondere Leidenschaft: Altes neu entdecken. Alte Autos, alte Bücher, altes Geschirr. Dazu gehört natürlich auch die traditionelle Küche. Er lässt sich dabei von dem inspirieren, was früher serviert wurde, was viele Moden überstanden hat. Deftig und ursprünglich sind seine Rezepte, ungezwungen und locker seine Küche. Seine Devise: Einfach ausprobieren! Und sich beim Einkaufen und Kochen vom eigenen Appetit leiten lassen.

Essen soll Spaß machen. Denn Genießen ist jetzt wieder erlaubt!

Egmont vgs verlagsgesellschaft
Geb. 128 Seiten,
zahlr. farb. Abb.
ISBN 3-8025-1467-X
19,90 Euro

**Das Milka Backbuch
Kordula Werner**

Endlich: Die zartesten Versuchungen für alle Milka Leckermäuler!

In diesem „Kuh'len" Backbuch gibt es süße Versuchungen für die Milka Fangemeinde: Ob zu Ostern mit dem Schmunzelhasen, in der Milka Weihnachtsbäckerei oder mit der unheimlich leckeren Torte zu Halloween – im Milka Backbuch finden Sie für jedes Fest und natürlich auch einfach mal für zwischendurch das passende Gebäck. Denn wieso sollte man Milka immer nur pur genießen?

Dazu gibt's viele Tipps zum Garnieren, denn Lila ist nicht nur lecker – sondern sieht auch gut aus!

Egmont vgs verlagsgesellschaft
Geb. 96 Seiten,
zahlr. farbige Abb.
ISBN 3-8025-1445-9
10,90 Euro

Besuchen Sie uns unter
www.vgs.de